LE TRIOMPHE

DES

ROIS LÉGITIMES.

LE TRIOMPHE

DES

ROIS LÉGITIMES,

PAR JOSSEAUME DUBOURG.

PARIS,

Chez MOREAU, imprimeur-libraire, rue Coquillière, n° 27;
KLEFFER, libraire, rue d'Enfer St.-Michel, n° 2;

ET CHEZ LES MARCHANDS DE NOUVEAUTÉS.

1821.

HYMNE

A DIEU.

O Majesté divine! Dieu des batailles, vous êtes encore le Dieu de la paix; c'est la résistance à vos grâces qui perdit les sociétés, et forma les complots impies contre vous et les trônes!

Ma harpe fera entendre des chants religieux; la divine mélodie marquera tous les airs de l'amour pur, et les effets de la foi, et les objets de votre grâce élèveront mon âme à la chasteté du poëme sacré, à l'inspiration du merveilleux!

Enfin, grâce aux rois, les armées fidèles ont triomphé ; grâce à votre providence, la puissante prérogative brille à nos yeux. Grâce aux douces et tendres libertés, les couronnes ont tout leur éclat.

Les révolutions finissent ; l'ordre renaît, et la religion se plaît à célébrer la grandeur du Dieu des nations.

Les professeurs ont des idées chrétiennes et politiques ; on professe les saines doctrines ; l'affreuse impiété s'enfuit dans les abîmes ; les enfans, élevés dans le libéralisme, recherchent maintenant les vérités éternelles ; on voit beaucoup d'obéissance dans les étudians. Les précepteurs de l'anéantissement, les fougueux orateurs, les mauvais publicistes, cessent les leçons de l'incrédulité. Les hommes sans mœurs, sans principes, sans foi, sans grâce, croient, dans ces beaux jours, à la raison des trônes, au Dieu très miséricordieux; et la charmante fleur, agitée par le vent du parti anarchique, relève sa tête agréable !

Le ciel a prononcé : les cœurs découragés par l'impiété, flétris par les romans d'un mauvais goût, aiment les fleurs embaumées de la grâce, et, déjà, par un changement précipité, les âmes s'élèvent, par la délicatesse du sentiment, vers l'Auteur immortel.

Esprits naguères infidèles, incrédules, athées, philosophes, pécheurs, vous allez, par la grâce, devenir de grands saints. Après avoir, dans la folie de l'indépendance, professé le néant, vous allez apprendre à notre aimable jeunesse que la croyance fait le bonheur.

Réjouissez-vous avec moi, vous qui, par de faux systêmes, attaquâtes et l'église du Sauveur et nos libertés ; venez partager l'amour des chœurs éternels. Rendez gloire au Dieu suprême pour les victoires qu'il remporte sur les séditieux. Réjouissez-vous, nations malheureuses, la Sainte Alliance triomphe, la religion est victorieuse ; la paix descend des cieux ; je triomphe moi-même.

Amour de la patrie, sois dans tous les cœurs ; amour de la douce liberté répand tes feux célestes, échauffe les âmes.

Doux rayon du pouvoir, soutien de la patrie,
Bienfait du Tout-Puissant, ô liberté chérie
Vous régnez par les lois, vous charmez les bons cœurs
Liberté ! des états, chassez les imposteurs.

Dans les révolutions, les rebelles rendent la liberté sanguinaire et insolente ;

mais la noble confiance dans le ciel et les trônes, réjouit les fidèles qui attendent l'ordre des couronnes, le bonheur de la religion, l'espérance de la paix, la foi de la conscience politique.

Dans les révolutions tout est suspect : le fils accuse son père, le serviteur son maître, le factieux son prince, le publiciste le bon ordre, l'impie accuse le ciel, le méchant accuse le bon ministre, les lâches athées accusent les prêtres.

Tant d'impiété, tant de crimes, tant de forfaits étaient les fruits empoisonnés de l'arbre du mal ; on ressent actuellement l'odeur suave des fleurs printanières, et nous admirons partout la fidélité.

C'est par la douceur que la généreuse liberté se venge des rebelles ; elle rit des déclamateurs, des manvais journalistes libéraux qui assuraient qu'aux *Abruzzes*, les soldats d'un monarque pieux trouveraient l'heure dernière sous la faux de l'inflexible mort libérale ; et les braves armées, parées de fleurs, montrent un front triomphant. On rit de ce fameux docteur qui, au foyer de l'impiété, oublie la maxime célèbre, *que les institutions religieuses* font le bonheur des états. On rit.... Mais, ô ma Patrie ! ta félicité est certaine, l'ange des ténèbres rentre dans l'abîme, le peuple français est heureux sous un roi qui fertilise le champ politique. Ah ! réjouis-toi ! dans ces jours où les fleurs ornent la terre, Dieu augmente ses dons et l'enfant royal attire sur le monde les bénédictions de la Providence.

D'un sentiment nouveau d'amour,

de joie, de charité et de puissance, mon roi, par ses bienfaits, rendit l'état solide et donna, avec sa charte, la paix et le bonheur. Fleur de vertu, dans ces beaux jours, tu vas embellir la royauté. Doux rayon de la grâce, réfléchis sur l'autel et sur les trônes la divine lumière !

Délire divin, expressions poëtiques, marquez les tons, les airs ; je prends pour guides les chérubins de la foi !

O Dieu du ciel ! tu bénis nos troupeaux.
Bergers ! venez ranimer vos pipeaux.
Astre charmant, que ta lumière est belle !
Ton doux rayon se reflet sur Berri.
Mère adorable ! aimez le don chéri,
Et dans ces jours, chantez la fleurs nouvelle.

O Dieu du ciel, tu bénis nos troupeaux,
Bergers, venez ranimer vos pipeaux.
De l'Esprit saint, l'étendard se déploie
Chœurs immortels! quel attrait pour mon roi.
Tendres brebis, je chéris cet emploi
de doux accent intéressante joie !

O Dieu du ciel, tu bénis nos troupeaux.
Bergers, venez ranimer vos pipeaux.
A ma houlette agneaux soyez dociles,
Le Roi des tems, secondant le devoir,
Vient ennoblir le lys du saint pouvoir
Pour vous nourrir dans les plaines fertiles.

O Dieu du ciel, tu bénis nos hameaux,
Bergers, chantez le plaisir de Bordeaux.
La paix qui suit le bonheur et la grâce
Dans ce moment doit partager nos jeux...
Douce bergère, au nom du lis heureux.
Chantez Berri et l'esprit efficace!

Pour l'enfant de la cour
Des fleurs fraîches écloses!
Apportez pour ce jour
Et les lys et les roses.
Vous nous verrez Henri
En dansant sous le hêtre
Chanter le fils Berri
Et le pouvoir du maître.

Allons bergers des fleurs!
Tout ravit au village!
L'amour à ses douceurs

Et Louis notre hommage.
C'est le jour de Berri
Venez, venez bergères
Sur le gazon fleuri
Nos danses sont légères !

Le lis brille au matin
Du rayon de lumière.
Je vois dans ce jardin
La rose printanière.
Le prince des pasteurs
Dans sa grâce immortelle
A gagné tous les cœurs
Par sa lyre fidèle.

CHŒUR.

Venez tendres oiseaux,
Dans ce riant bocage;
Tous les dons les plus beaux
Vont orner ce village.
Conduis ton bel agneau
O timide bergère;
Près du sacré berceau,
Vois la sensible mère !

LE CURÉ.

Chantez mon roi, chantez Bourbon ;
Tout plaît à la grâce éternelle!
Bergers, dansez sur ce gazon ;
Le doux pasteur, a l'immortelle.
O tendre lis, bouton charmant,
Fraîche rose.... couleur aimable,
Rien de plus beau ; lis odorant
Que ton éclat, pur, ineffable!

CHŒUR.

Fleur de vertu, dans ce beau jour,
Vous permettez à l'innocence
De chanter le lis et l'amour
Et tous les dons de la puissance.
Divin pasteur, dans ces vallons
On bénit le Dieu qui couronne
Un roi saeré, dont les rayons
Ont refléchi sur sa personne!

Par la grâce du seigneur que les accents harmonieux de la divine charité retentissent partout! ô espérance qui consolez les mortels ! ô immortalité je célèbre le nom du père de l'enfant qui reçoit le baptême. Par les yeux de la foi mon ame s'unit au saint martyr Berri. Je le vois. Permettez-moi, ô prince glorieux, de célébrer votre infinie bonté !

Berri ! du saint séjour, vois le fruit du baptême
Les chants des bons Français sont pour la fleur suprême
Et le lis protecteur,
Caroline aux accords de ma harpe fidèle
Sunit à la vertu, pour orner ta chapelle
Et charmer son bonheur

Souris à tes enfans, ils ont la fleur divine
Martyr, à tes concerts, l'auguste Caroline
Vient de marier sa voix !
Dieu de l'éternité, recevez la prière
De son touchant cantique, amour sois sa lumière
Sur l'arbre de la croix.

O sainte charité ! couvrez de lis le temple !
Berri, du haut du ciel, nous a donné l'exemple
Du plus pur sentiment.

Français ! aimez les lis et répandez des larmes
Berri, cher à l'amour, vient de montrer ses chame
Que son air est charmant !

Nous allons du bonheur recevoir l'héritage.
Venez ô prince aimable admirer votre image,
Nos vœux sont accomplis !
Jours heureux de la grâce, ô chœur saint qui ranime
Chantez la paix du ciel et sa vertu sublime
le produit du doux lys !

La liberté, considérée comme amie de la religion, aime l'o rdre, le bonheur social. Une liberté qui commande les rapports civils, la dépendance, la charité fraternelle, l'amour de la justice; une liberté qui, rayon de la grâce, faveur donnée par le Créateur pour opérer le salut du monde; une liberté, honorée des trônes, exerce sa délicieuse influence sur l'espèce humaine; mais cette liberté ne peut se maintenir que par le bon accord, par le respect pour les monarques, par l'autorité de l'église. J. J. a fait un Contrat Social qui n'annonce pas un homme d'état. Rousseau, publiciste sauvage, esprit sombre et pesant, croyait que l'agitation, le mouvement populaire, les partis suivaient la liberté. Non, elle aime la charité, le travail, les mœurs. Dans ce tems des *lumières*, nous connaissons de mauvais publicistes qui agissent d'après ce citoyen d'un petit état. Dans notre France, c'est le roi, chef suprême, c'est la religion, compagne de la clémence, sœur de la charité, qui maintiennent les royaumes.

Ministres de Dieu, ministres des rois, unissez-vous, combattez l'impiété; attaquez, par la force de la foi, les êtres pernicieux; c'est le moment. Pour compléter le triomphe de la légitimité et de la religion, j'ai quitté le langage de feu le style figuré: l'influence divine passera dans mon âme, et je dirai que la royauté a ses lois éternelles; la religion, ses dogmes sacrés; les gouvernements représentatifs, leurs actions paisibles. Je développerai cette vérité, que la parole divine s'explique dans l'intérêt des humains. Par le sentiment de la charité, par l'honneur, les devoirs seront ennoblis. L'obéissance a les grâces de l'ordre; la justice, les fleurs de la piété et les riches dons du Créateur. Les états, sous l'empire de la religion et des rois, n'auront aucune inquiétude, aucun danger à redouter de la part des factieux, des rebelles, que la véritable liberté doit convaincre et juger.

LE TRIOMPHE

DES

ROIS LÉGITIMES.

J'ANNONCE le pouvoir sacré des rois, les intérêts positifs des gouvernemens, les impulsions de l'opinion religieuse, les grands principes de la morale, la volonté du ciel.

O Dieu des montagnes, vous êtes aussi le Dieu des vallons. Du haut de la colline céleste que la pluie abondante de votre grâce se répande dans les vallées, et la terre des vivans sera fertilisée !

Les ténèbres enveloppaient le monde politique; toutes les furies de l'impiété se répandaient dans l'espace; les cris affreux de l'irréligion et de perfidie portaient l'épouvante dans les sociétés chrétiennes. L'orgueilleux athéisme écumait de rage; l'insolente indépendance rendait les peuples malheureux; mais la jusiice éternelle qui conduit les souverains, assure la prospérité; mais la lumière qui brille sur les couronnes, dissipera l'obscurité, opposera son flambeau à la nuit libérale, et la situation des hommes malheureux par la désobéissance, se changera dans une création légitime; le bonheur général renaîtra.

Tout promet des jours heureux; l'esprit de vertige disparaît, comme le léger brouillard devant l'aurore à la couleur rose.

Brillant avenir, tu offres toutes les espérances. Nations! croyez au grand concert des puissances, aux vues sages des autorités, à la divine intelligence; croyez à la miséricorde, aux sentimens de vos princes; croyez à la déclaration des juges de l'univers.

La force des royaumes se trouve dans la force des institutions, et les institutions sages assurent le repos des sociétés.

Rien n'égale l'audace des rebelles, les révolutions armées portent partout le désordre. Peut-on trouver la paix dans l'anarchie, le bonheur dans l'infidélité, les affections respectueuses dans la perfide audace? Non, les fureurs, les forfaits, les combinaisons du libéralisme, l'épouvantable rebellion, les atrocités, accablent une nation, aigrissent les esprits, déchirent le sein de la patrie; et les tristesses publiques sont d'autant plus vives, que les persécutions sanglantes s'étendent sur les plus fermes soutiens des trônes, sur les ministres des autels, sur les riches, sur les défenseurs de la religion, sur les amis de l'ordre, sur ceux qui aiment l'état, la vérité et le bonheur public.

Quelle exhortation puissante pour s'éloigner des crimes nationaux! malheureux peuples, vous voyez ce qui retarde la félicité sociale; vous voyez que les révolutions interrompent l'ordre légitime, et qu'un état anarchique est toujours déchiré par le vautour de l'impiété. C'est la puissance royale qui agrandit le gouvernement, qui maintient la tranquillité ; priez donc le ciel pour être heureux avec vos bons rois ; suivez, avec zèle, le sentier agréable qui conduit au bosquet du lis, des myrthes et des lauriers.

Le tableau affreux que l'on voit dans les misérables sociétés du midi, atteste que la lâcheté et la perfidie immolent, frappent tout ce qu'il y a de plus fidèle, ceux qui adorent la patrie, la religion, et qui se dévouent pour le roi et le bon ordre !

O Dieu des armées, domptez les rebelles, enchaînez satan, et que les mauvais génies, les incrédules rentrent dans le devoir.

..

Les constitutions permanentes annoncent toujours la force des trônes; les droits se trouvent garantis, les intérêts généraux conservés ; la justice procure aux humains tous les bienfaits d'une tranquille existence, et l'on se trouve heureux.

La Sainte-Alliance est forte ; toutes les vérités politiques sont religieusement proclamées : la Sainte-Alliance, avant de faire marcher des troupes fidèles contre les perturbateurs, avait donné tout le temps nécessaire pour que les révolutionnaires rentrassent dans l'ordre, et suivissent la volonté sainte.

Les séditieux, aussi stupides que cruels, n'ont point répondu à l'ordre général ; c'est au Dieu des nations de punir les rebelles.

Les chefs du libéralisme ont, dans tous les temps, trompé les simples. Pour travailler les pauvres humains, on parle de rétablir des droits; on leur fait entendre que les prêtres et les nobles reparaissent avec leur antique influence. On *a l'air* de s'intéresser au sort du peuple, comme si les sujets pouvaient être heureux loin de la puissance royale. Les perfides ennemis du bon ordre, par leurs insinuations mensongères, par leurs sophismes, leurs censures calomnieuses contre les ministres des rois, se font quelques partisans parmi les publicistes de *café*, les minerviens littéraires; mais tous les honnêtes gens n'ont que des sentimens d'amour et de respect pour les rois, les prêtres et l'aristocratie de l'état.

Fidèles sujets des rois légitimes ; vous êtes guidés par l'honneur, et l'honneur guidera vos pas sous les drapeaux blancs et légitimes. Pénétrés de respect pour vos augustes monarques et pour l'onction sacrée, contribuez au bonheur des gouvernemens qui ont le système royal. Plus on outrage la morale, plus votre zèle doit redoubler. Les infâmes libelles qui sortent de l'enfer accusent l'autorité ; mais, je dois le dire, tous ces reproches contre les gouvernemens sont mauvais, et ce sont de prétendus docteurs qui décrient également, et l'état, qui paye leurs leçons publiques, et la religion, qui demande grâce pour eux ; ce sont ces aveugles obstinés à accuser nos saints prêtres, et à anéantir le pouvoir, qu'on écouterait !

Les avantages de l'ordre sont reconnus ; on veut l'affermissement des illustres dynasties ; on veut calmer l'orage révolutionnaire ; on veut que les grands intérêts soient garantis par le sceptre ; on veut que la religion ne soit plus attaquée par les furies, qui, sous des prétextes hérétiques, sortent des ténèbres au moment où l'on croit que l'astre du bonheur brille.

Quand les monarques ferment l'antre abominable, veillez autour de la caverne ; redoublez toute votre ferveur pour ne rien perdre des bienfaits du ciel et des dons de l'ordre ; recevez, ô sujets soumis, la verge de la foi, elle suffit pour chasser le démon des révolutions.

C'est pour la félicité sociale que

nous vous prions, ô divine Providence, d'agrandir le pouvoir des rois du midi; et la douce vengeance que les amis des monarques veulent tirer des séducteurs, a la tendresse et la charité pour ressentiment; mais lorsque la modération se réjouit des principes solides, et ramène par la persuasion les esprits dangereux, les professeurs qui sont dans l'erreur, il est vraiment curieux de voir que le parti libéral, après avoir soutenu les opinions les plus extravagantes, les systèmes les plus odieux, trouve, dans la modération des royalistes, toutes les espérances de la miséricorde publique, tandis qu'avec une pareille facilité, il peut impunément attaquer, et les ministres du roi, et l'église, et les ordonnances du prince! La modération, sans doute, honore les chefs augustes; mais à quelles contradictions nous exposent et les partis et les factions.

Les partis! ils sont toujours dangereux dans les états permanens; les gouvernemens immuables doivent avoir une constante opinion. Faut-il toujours que les choses les plus simples, les élémens de la science politique, soient des prétextes pour élever des voix séditieuses? Tâchons de savoir que les intérêts positifs résident dans les grands pouvoirs, et que les dignités sont une preuve éclatante de la sagesse divine. Nous connaissons la réalité des libertés publiques, de l'égalité, des droits incontestables, du prix inestimable des chartes, qui donnent les grandes prérogatives royales.

Les factions! elles arrêtent la marche des autorités, causent les peines publiques, compromettent le repos, insultent la royauté, empêchent le bonheur civil, donnent toutes les craintes, s'opposent aux décisions sages, affaiblissent les droits de la justice, et s'élèvent contre les dogmes de l'Eglise.

Ne serait-il pas temps d'empêcher le serpent de l'impiété de montrer sa tête? Ne serait-il pas temps que la mer révolutionnaire, agitée par les vents du libéralisme, se calme à la voix sonore et mélodieuse de la puissance? Ne serait-il pas temps de finir ce combat de l'anarchie contre l'ordre, du mensonge contre la vérité ?

Ah ! sans doute que dans les États représentatifs, les députés doivent avoir la plénitude de la grâce pour pouvoir accomplir le sentiment national ; mais les opinions ne peuvent jamais causer aucun danger ; il faut que la morale sociale soit respectée, que les trônes soient honorés, et que les institutions religieuses refleurissent comme les fleurs immortelles.

Toute faction suppose la fatalité du mal, les passions criminelles, les forfaits, les persécutions : une faction empêche le pouvoir suprême de faire tout le bien possible. Quel doit être l'esprit d'une nation amie de l'ordre? De remplir scrupuleusement l'intention du monarque, de conserver les saintes institutions, de se réjouir du bonheur réel qui vient toujours du ciel et de la tranquillité. Ah! qu'un Etat est heureux aux conditions douces du bon ordre !

Ainsi qu'un ruisseau limpide qui parcourt le paysage enchanteur, paraît encore plus clair sur un sable mêlé de jolis cailloux; ainsi la source du commerce est plus belle et plus riche quand elle arrose les rives de l'abondance. Les moyens de prospérité sont dans le travail actif, dans la fortune publique et particulière, dans l'esprit du négoce qui ouvre tous les canaux du bonheur; mais ce qui contrarie la félicité, c'est l'agitation, c'est le mouvement anarchique.

Une nation se trouve fortunée aussitôt que les intérêts s'établissent irrévocablement, et qu'il y a un terme au malheur général.

Si un parti tourne sa hardiesse à répandre ses erreurs, à ne croire jamais au bonheur, le mal gagne facilement, et rien de plus vrai que l'industrie ne peut plus fleurir; les pays sont dans l'indigence, rien ne circule : tel un bouton se flétrit par un mauvais air, tel le négoce languit par les exhalaisons du libéralisme.

Ne retardez pas la prospérité du genre humain, mauvais écrivains, publicistes ignorans! Pouvez-vous résister plus long-temps à la véritable opinion?...Votre ligue insensée doit succomber sous la puissance de la justice éternelle et du congrès de Laybach !

Tous les pouvoirs sont donnés aux rois pour coopérer aux richesses publiques. Vous serez heureux, peuples de l'Italie et des régions d'Afrique et d'Asie ! vous serez heureux ; reconciliez-vous avec le Seigneur; que vos cœurs cruels s'adoucissent. Heureux les mortels qui, après les forfaits de l'impiété, les horreurs du brigandage, les indignités de l'apostasie, les cruautés de l'indépendance, les sacriléges de l'athéisme, les fureurs de la sédition, trouvent la fin de leurs maux par l'ordre, par une vie commode, par la navigation, la douce alliance, le profond respect, les traités et la bonne foi!....

O ma patrie, ô nation française! tu peux te flatter de posséder le bonheur; la grâce ouvre sa source, tu vois ton roi avec plaisir; je joins mes vœux aux tiens pour annoncer les félicités incompréhensibles de l'ordre qui émane du trône, des richesses de sa charte!.... Quelle conduite, ô ma patrie! tu n'as que des sentimens d'attachement pour l'auguste famille; tu méprises les scandaleux libéraux qui, hier, parlaient d'une couleur qui n'est pas nationale, qui, ce jour, font un appel à des troupes qui ne vivent pas d'illusions, mais d'amour pour le souverain; ta conduite, ô France, est, je le dis à l'univers, un témoignage de l'obéissance, et cette conduite passera à la postérité !

Qu'il soit béni, ce roi de nos cœurs; qu'il soit chanté éternellement, ce prince sage qui rend la société paisible et heureuse ! qu'il soit remercié des grâces qu'il nous fait; mais que nos remercîmens partent du fond de nos âmes; renonçons aux adresses de consolation, le trône ne sera plus outragé ! Des adresses qui parlent de l'audace des factions, annoncent toujours que l'Etat est désolé des anathèmes du libéralisme ; et comme bientôt ce malheureux esprit doit rentrer dans l'abîme, ne connaissons plus que les chants de la grâce !

Lorsque le bien public augmente chaque jour par la puissance, lorsque la Divinité est adorée par les fidèles sujets, que les pouvoirs ont les vues les plus légitimes, vivons heureux. Approuvons les systèmes chrétiens et royalistes, marchons d'accord avec les corps des Etats pour le salut suprême.

Mais cette harmonie prescrit l'exacte sévérité des règles sociales. Peuples, suivez vous-mêmes les accords de ma harpe ; répondez, avec piété, aux cantiques du bonheur ! Quel beau spectacle, ô mortels ! qu'il sera doux de présenter aux rois l'olivier de la paix, le tribut de vos respects ! Qu'il sera consolant de revoir l'ordre, de vivre sous les ombrages de l'arbre tutélaire. Tout doit fructifier parmi les lis et l'immortelle ; le ciel vient vous soustraire à la tempête de l'anarchie : apprenez que là où règne l'honneur et la religion les hommes sont heúreux !

La liberté ne doit jamais franchir les limites des héritages royaux ; ce sont les monarques qui la protégent, et la religion, qui ne perd jamais son droit éternel, a pour la sainte liberté toute la tendresse d'une épouse sacrée. On est tranquille avec la liberté raisonnable : comme le tonnerre indique que le ciel est en courroux, de même, le tumulte prouve l'orage de la ridicule faction, et c'est à la grandeur de calmer les passions, et d'éloigner tout ce qui est funeste au bonheur universel.

Quelle occasion fortunée pour les peuples malheureux ! Les chefs augustes s'efforcent d'inspirer les véritables maximes, de faire connaître, par des actes publics, qu'il faut respecter les lois saintes des gouvernemens heureux, que l'on doit aimer l'ordre, honorer les dignités, et témoigner au Dieu de l'univers toute la vénération la plus grande; et voici comment les sujets doivent reconnaître tant de bienfaits : Seconder, par leur zèle, les intentions royales, réprimer l'impiété, prendre soin de la jeunesse, vaincre l'esprit rebelle, ne parler jamais de la liberté pour l'outrager, prouver plutôt par l'obéissance que par des phrases insipides, qu'on est digne des libertés publiques; avoir beaucoup de précautions lorsqu'il s'agit de discuter sur les affaires générales; car combien de paroles inutiles, d'insolence remarquée, de choses indiscrètes !... En vain voudrait-on le dissimuler, tout le monde le sait, la furie apparaît trop souvent pour distribuer ses rôles.

Les grandes puissances ont donc trouvé ce qui peut produire un calme universel. Le fleuve qui se répand partout cause des dégâts ; il faut l'entretenir dans son cours naturel. La conservation des sociétés est le devoir des monarques ; la stabilité des Etats a pour fondement l'ordre ; et tandis que la raison éternelle publie que les beaux jours sont ceux où les hommes s'occupent du commerce et de l'agriculture, faut-il que des rebelles fassent retentir le parvis des cris de l'impiété, et excitent la paresse qui suit les révolutions et le libéralisme qui conduit à l'aveuglement ?

Dans tous les grands intérêts du monde civilisé, la fontaine de la grâce doit réfléchir l'image de la puissance souveraine ; la religion, nous ne cessons de le répéter, est favorable aux systèmes positifs ; et si on faisait plus de réflexions sur les malheurs de l'infidélité, que les hommes seraient heureux !

Le charme social est dans l'empire de la vertu, dans l'ordre et dans le devoir. Il est temps d'expliquer les principes généraux. Toute nation qui se livre au travail, qui entretient le corps politique dans un état de santé, reçoit les biens si désirés de l'opulence et du trafic ; une nation qui a des institutions permanentes, des lois qui règlent les droits sacrés de la propriété, qui donnent aux personnes l'assurance de la sécurité, cette nation, heureuse dans le travail, la docilité et la religion, trouve certainement toutes les satisfactions, les grâces suffisantes. Peut-on croire qu'un peuple intéressé à la stabilité de l'Etat pousse des cris lugubres, *s'agite*, se tourmente, pour entrer dans tous les malheurs des révolutions, dans la misère, dans la guerre, dans la paresse? non. Ah! ce sont les intrigans, les mauvais commandans, les lâches militaires qui, par le sabre de l'infidélité et les baïonnettes de l'indiscipline, provoquent à la désobéissance. Or, Dieu et les rois, la société et le bon ordre n'étant plus honorés, il faut nécessairement apaiser par la force les malheureux rebelles qui désolent la patrie.

C'est méconnaître toutes les notions du droit public, que de prescrire à l'autorité royale l'œuvre de la volonté séditieuse pour l'œuvre de la patrie. Toute faction qui s'élève contre la puissance, est indigne de la protection des lois, et les rebelles qui excitent les troubles, et les anarchistes qui exécutent *les décrets* du pouvoir révolutionnaire ne méritent aucun égard.

Ces œuvres de révolution armée sont toujours des œuvres de l'esprit rebelle. Pour qu'une constitution royale et légitime ait les caractères de la grâce monarchique, il est utile que la grandeur sacrée marque souverainement son droit saint.

Grâces soient rendues aux hautes puissances qui rétablissent les trônes sur le fondement éternel de la justice!

Loin de vous plaindre des actions des chefs augustes, reconnaissez vos torts, ô infidèles! Semblables aux hypocrites de la tribu d'Israël, vous affectez un grand zèle pour la restauration de l'édifice social ; mais, sépulcres blanchis, on connaît vos systèmes ridicules ; qui aime la liberté générale, aime les lois, Dieu et les souverains. Rien ne retarde le bonheur national comme l'anarchie, et l'anarchie est un chaos ; tantôt elle ouvre l'abîme pour engloutir la religion, mais la religion la méprise ; tantôt elle insulte le trône, elle abuse les faibles ; tantôt, sans lois, sans morale, elle veut renfermer dans son précipice la justice et la paix; mais la grâce, par son étendue, sauve les gouvernemens légitimes.

Il faut toujours que la puissance sanctionne les lois; il faut, pour embellir l'Etat, que le souverain garde la sainte autorité : le bonheur est dans l'ordre, et c'est au pouvoir suprême de veiller au repos public. Sujets heureux, riches, tranquilles et laborieux, gardez vos institutions; ne donnez jamais le signal de l'insurrection, elle conduit à la misère, et remplit la terre de malheurs !

Quand le pouvoir, toujours clairvoyant, se détermine à des améliorations, la prudence le guide, la religion lui inspire la véritable législation; mais le cours de la source représentative est aussi paisible que l'eau qui serpente dans la verte prairie.....

Dieu a formé les rois pour les peuples ; et qui est assez osé pour affaiblir la puissance, pour outrager les rois, est tôt ou tard puni ; le ciel se venge, et là où la méchante furie existe, on voit tous les fléaux de l'anarchie : les récoltes sont médiocres, les hommes de métier se lèvent pour courir à la guerre civile ; les arts, les manufactures ne sont plus en activité. O désolation ! le ciel veut se venger..... Peuples, venez fléchir le Dieu des armées ; riches et pauvres, petits et grands, vieillards et jeunes citoyens, prosternez-vous, priez le Dieu des miséricordes. Les nations méridionales éprouvent combien la colère céleste est grande. Hélas! le moment presse; sortez de vos cachots, prêtres du Seigneur, réunissez-vous aux fidèles: non, restez dans les chaînes; comme les apôtres, priez pour le salut de ceux qui vous persécutent. Voici le temps de la pénitence publique; invoquez le Très-Haut, séducteurs infâmes, perfides agitateurs, précepteurs de l'insubordination; adressez-vous à l'Eternel, reconnaissez que tous les malheurs résident dans l'anarchie, et que le bonheur suit la justice et la religion!

On ne peut renaître qne par l'obéissance; l'opinion sociale repousse l'opinion de l'indépendance. Comment vivifier l'esprit public par les idées libérales? Comment protéger les libertés civiles, si les furies s'opposent au bien des peuples ? Les intentions paternelles des rois sont de rétablir la force royale, de réunir les hommes, de calmer la tempête, de soulager l'infortuné, de fixer la foi publique, de fermer l'abîme, de faire cesser le langage impie du démon libéral, d'éteindre le feu que vomit la furie de l'athéisme.

Ainsi que la lumière est précieuse au globe, ainsi le flambeau de la raison doit éclairer les hommes civilisés. Inspirés par la vérité éternelle, ils sauront que le bonheur provient de l'ordre, la paix de la stabilité, la morale de la conservation des principes religieux ; que les lois fortes et justes étonnent les désorganisateurs, font disparaître les pernicieux sujets.

On se rend digne de l'aimable liberté en pratiquant ce qu'elle ordonne. Sa voix douce, son regard charmant, ses manières agréables inspirent la confiance ; elle a les droits sacrés de la justice, la puissance de l'ordre, la croyance sociale ; tous ses amis sont les fidèles sujets ; mais elle méprise les audacieux indépendans, les rebelles, les perfides, ceux dont la physionomie sombre atteste la malice du cœur.

Tel que le lierre s'attache à un ancien monument, tel le bon citoyen s'unit à l'ordre et s'attache aux lois bienfaisantes de son prince. Les lois anciennes ont aussi l'efficacité du bonheur ; et qui veut innover, changer l'Etat, détruire l'édifice social, est conduit par le démon de l'affreuse perfidie. Dans le monde moral tout se conduit par la prudence ; c'est le prince qui peut proposer un heureux changement ; c'est lui, par sa sanction, qui justifie la parole de Dieu ; mais quiconque entrave la marche de l'autorité est indigne de l'honneur national. Vainement les rebelles essaieraient-ils de couvrir leurs coupables têtes de l'immortel laurier; les fleurs de la fidélité ne peuvent orner les perfides novateurs.

La liberté suit la gloire ; elle produit le repos, la félicité de la patrie, le sentiment du bien général..... Sublime effusion de la sainte espérance, elle assure les droits civils, les droits sacrés de la royauté, les droits de la religion, les droits immuables de la justice.

L'astre aimable de la couronne est le précurseur d'un beau temps ; tout s'embellit par les rayons de la liberté : les jours sont sereins, le soleil du trône éclaire le gouvernement, et l'on voit l'honneur se lever sous les auspices de la fidélité.

Déjà les méchans reconnaissent leurs erreurs ; déjà les esprits indociles gémissent, soupirent après l'ordre, et cherchent à se réunir autour de l'autel sacré ; déjà *les indépendans* marchent avec les fidèles sous les drapeaux de la foi et de l'honneur; déjà la voix du congrès rappelle les âmes égarées et promet le pardon ; déjà les cœurs se renouvellent comme la terre, et bientôt nous verrons fleurir les sociétés comme les arbres d'un verger.

Dans l'économie de la nature, tout naît par les lois éternelles; des moissons abondantes, des richesses territoriales, présentent l'image de l'opulence. Dans les gouvernemens monarchiques, les effets certains de la prospérité des individus sont la sécurité et l'occupation. Tenez *pour constant* que les hommes oisifs, les publicistes ignorans, n'enfantent des ouvrages pernicieux qu'au moyen de l'esprit infernal ; tenez pour véritable que les bouches incendiaires ne s'ouvrent qu'après le conseil de la furie des révolutions.

Pour vous , sujets soumis, soyez toujours dignes de la liberté raisonnable , connaissez vos devoirs, appliquez-vous au travail ; et quand le nom sacré de la liberté est généralement reconnu, croyez qu'il serait très-inutile de le répéter à tout moment.... C'est une ruse de *Satan* de rappeler toujours les mots de liberté, d'indépendance, de souveraineté populaire. Tout homme sensible au bienfait de la politique réelle, respire tranquillement à l'ombre de l'arbre social; il jouit de sa fraîcheur, et bénit intérieurement la puissante main de l'autorité.

C'est une liberté agréable à Dieu, aux monarques et aux nations civilisées, que celle qui proclame l'ordre, qui tend à renouveler la croyance, à écarter les désordres, à prémunir contre toute révolution. Cette liberté toujours noble, toujours honorable, ne menace jamais ; elle émane de l'honneur, de la dignité de l'homme :

là où règne la liberté publique, on voit l'harmonie, la joie, l'espérance, les deux accords.

Puissans du monde, souverains qui, dans vos conférences, proposâtes le bonheur possible, la vérité sainte, vous êtes instruits de vos droits, de vos devoirs; vos belles prérogatives sont semblables à celles de la religion, elles existent pour la gloire des nations!

Les lois civiles et divines s'unissent pour consolider les trônes, pour perpétuer la paix, pour fortifier les gouvernemens. Ce sont les monarques alliés qui sont en possession de la véritable gloire. Les annales de la politique consigneront les faits merveilleux, les principes de la loi éternelle, les grandes maximes ignorées jusqu'à ces jours de peines civiles. Les systèmes du droit public s'appliquent à la politique religieuse ; les professeurs du libéralisme, qui soutenaient que les peuples s'agitaient, désiraient une *représentation*, apprendront que ce sont toujours les apostats, les perturbateurs qui tourmentent les sociétés. Ainsi que le blé, trop long-temps humide, s'altère dans les champs, ainsi les biens spirituels et politiques se perdent par l'infidélité. Les saines doctrines confirment cette pensée, que la puissance suprême des rois fait le bonheur des nations.

Comme les Etats sont fortunés par le travail et les traités de commerce ! comme l'agriculture enrichit les hommes ! comme les familles prospèrent par l'amour du travail !

Recherchez donc l'aisance, peuples industrieux, fertilisez vos champs, ranimez le négoce, perfectionnez les arts, développez toutes les idées du génie. C'est le goût dominant de l'activité qui produit le bonheur ; tout prospère, tout charme. Oh ! qu'une nation est heureuse, lorsqu'elle chérit le divin pouvoir, qu'elle fait, avec plaisir, ce que le devoir commande !

Toutes les belles espérances sociales sont fondées sur la légitimité, sur la douce religion, sur la parfaite harmonie, et sur les habitudes du travail : de même que la terre, ornée des grâces de Flore, plaît par la variété des fleurs, de même toutes les productions de l'industrie embellissent les Etats.

Accoutumez-vous à travailler à vos métiers, à cultiver vos propriétés, à chérir vos rois, à adorer la Divinité, et vous ne penserez pas à faire des révolutions.

L'amour de l'ordre est le sentiment des cœurs vertueux. Dans le noble délire de l'honneur, dans l'expansion de l'âme, on désire vivre pour la gloire nationale, pour la patrie et les monarques.

Les sujets pieux et soumis se glorifient de la félicité des trônes ; ils adorent les immuables volontés des grandes puissances, et les gouvernemens, avec de tels principes, sont riches et heureux.

Une belle France a été long-temps livrée au démon des révolutions ; la tempête anarchique couvrit le soleil royal ; les nuages noirs comme le libéralisme obscurcissaient l'horizon; mais ces temps orageux ont cessé. Jamais les Français fidèles n'offriront d'aliment à la rebellion, aux agitateurs. Qu'il est doux, qu'il est agréable de publier qu'un roi voit la paix descendre sur sa patrie !

L'univers a reconnu les effets déplorables de la confusion, du sacrilége et du mépris du pouvoir suprême. Après tant de malheurs, nos grands législateurs de Laybach ont résolu d'empêcher l'anarchie de se prolonger dans le Midi. Par cette alliance, on peut compter sur l'ordre général, sur la distinction des pouvoirs, et sur l'approbation qu'un monarque donnera à la constitution consentie par son libre arbitre.

Les lois fortes et sages punissent toujours les audacieux rebelles; les bonnes lois empêchent les rassemblemens; elles veillent même sur les *loges*. On sait fort bien qu'il n'y a aucune inquiétude pour de telles réunions. Associés par le désir des vins, on trouve plus de verres et de bouteilles aux lieux où les *frères* s'assemblent que de bons livres. Comme on connaît l'absurdité de l'initiation, on rit plutôt des ignorans maçons. Sous les rapports du monde civil, du repos et de l'ordre, un auguste a donc raison de proscrire, dans ses Etats, tout ce qui porte à l'athéisme et au matérialisme. Ce n'est plus le jour de l'incrédulité; il faut de la foi sociale; il faut respecter les souverains, et ne plus causer de peine aux gouvernemens.

Les rois sont liés par de grands intérêts. Appelés par Dieu aux trônes, ils s'engagent à concilier la politique avec la religion, les libertés générales avec l'amour des pouvoirs, à combiner les choses utiles au commerce, à l'agriculture, à la prospérité des peuples.

La situation malheureuse des états du Midi toucha la royale assemblée: après avoir, dans sa haute sagesse, recherché le véritable principe, elle fait comprendre aux hommes qu'il est impossible de vivre dans un royaume sans l'autorité royale et les lois célestes; que c'est le comble de la misère d'exister dans l'affreuse indépendance populaire.

Ainsi, c'est à calmer les passions, à maintenir l'ordre, à punir, s'il le faut par la force, les rebelles, que les monarques ouvrent, sous les auspices de la Divinité, une campagne qui, grâce au ciel, dissipera tous les malheurs, rendra la fidélité constante.

Il est prouvé que l'obéissance et la religion de Jésus-Christ font respecter les souverains et conquérir les cœurs. Les vérités politiques ne sont pas dans tous les esprits. Pour faire connaître les fleurs de la morale et goûter les fruits de la fidélité, il faut porter dans les âmes les véritables connaissances. C'est un scandale pour la société que ces mauvais discours des athées, des malheureux publicistes qui humilient les Etats, qui justifient la révolte, et portent partout le trouble et le désespoir. L'homme instruit, le vrai diplomate, les sujets fidèles, les citoyens paisibles, rient, je le sais, de ces scandaleux écrivains qui, sans connaître tous les rapports de l'harmonie sociale, parlent sur des points de législation et de politique avec autant d'ignorance que de mélancolie. Qu'il serait glorieux de rechercher l'intéressant bonheur du devoir dans les beaux préceptes de la morale !

Parlons de l'éducation chrétienne ; on ne sera point surpris de cette variété de style. L'instruction, dans ces temps d'agitation et de chagrins domestiques, doit adoucir, porter les jeunes gens à l'obéissance, rendre le devoir sacré, la probité une vertu, l'amour de la patrie un sentiment d'honneur, et, pour ne pas confondre la *liberté* avec la licence, dire que la sage liberté aime qu'on adore Dieu et que l'on respecte les pouvoirs; puis, en parlant de l'*égalité*, annoncer qu'elle distingue les conditions, les riches et les pauvres, mais que l'égalité réside dans la justice, et qu'elle se tient vis-à-vis la *loi*.

Les affaires générales sont réglées, les constitutions sanctionnées. Lorsque des députés délibèrent, c'est pour proposer de sages règlemens, pour fixer des impôts, pour assurer le souverain de la foi publique; mais on s'étonnerait, sans doute, qu'au lieu d'entretenir l'harmonie sociale, on s'opposât à la félicité du trône. Je rends grâce, chaque jour, à l'auteur de la Charte française. Les prérogatives sauvent la patrie; chaque peuple a ses habitudes, ses mœurs, son ésprit. Comme il serait ridicule de prendre pour modèle les chambres haute et basse qui se plaisent dans l'opposition, mais qui n'ont rien à redouter, parce que le grand intérêt est dans le sentiment national et dans la *royauté;* ma nation, élevée dans la religion catholique, ne pourrait pas trouver ce même plaisir : il faut cueillir les roses et les lis dans le champ de notre religion, et suivre la politique du cabinet de mon souverain.

Quel que soit le culte d'un peuple, on doit respecter les ordonnances des couronnes, ne jamais transgresser la loi; car l'infidélité est misérable, et toujours l'anarchie renverse l'ordre. Dieu conduit les princes, il gouverne les Etats par sa puissante volonté; et comme il communique partout son ordre, comme il veut que l'on garde la loi légitime, sa lumière ineffable éclaire les rois : environnés de tous les attributs suprêmes, des prérogatives sacrées, ils font éclore les fleurs de la félicité.

Nation, maintenant très-heureuse, tu as triomphé des vices du libéralisme; tu détestes ceux qui manquent aux devoirs, ceux qui rappellent le désordre; tu es tranquille, et ton repos fait ton bonheur.

Un grand prophète a dit : *Une*

misère attire une autre misère. Oui, l'infidélité cause mille maux ; oui, saint prophète, la perfidie attire la guerre, l'anarchie expose aux malheurs publics et particuliers ; oui, le désordre attaque l'Etat, la révolte insulte au diadême ; oui, les sociétés sont affligées par les factions, comme les eaux corrompues d'un marais nuisent à la santé ; la misérable révolution porte partout la désolation, la peste anarchique, et les corps politiques sont malades.....

Une politique sage consacre le droit général, elle fait croire à la réalité des gouvernemens royaux et légitimes ; les maximes publiques fixent toutes les idées. On sait que la religion est alliée aux trônes, et qu'elle maintient les sociétés et les couronnes ; les importantes leçons du droit parlent toujours des prérogatives, des pouvoirs, de la souveraine majesté! Oh! que j'aimerais un véritable publiciste qui, par son éloquence, la beauté du style, le genre historique, dirait *aux étudians* : Pour être heureux il faut obéir ; la tendre religion craignit toujours le désordre. Chérissez l'Eglise ; la religion rappelle, par sa charité, au devoir ; adorez l'Eternel : la religion inspire l'amour des rois, le respect pour les pères et mères ; attachez-vous à sa morale sublime, et vous aurez toute la politique dans vos cœurs........

Ainsi que le flambeau éternel est indispensable au monde, ainsi l'initiative donne aux monarques les grands droits pour le bonheur général. Toute justice émane de la puissance, et les hommes parviennent à cet état de bonheur en obéissant aux royales majestés.

Le congrès de Laybach a traité une question qui, avant la grande autorité, me conduisit à examiner les intérêts réels. La raison d'état dit que, par l'alliance des rois, ces dignes monarques se garantissent leurs constitutions royales, qu'il est une règle éternelle pour conserver l'ordre social : la politique s'unit à la prospérité, et les institutions stables portent à l'amour de la patrie.

Comment concevoir que de mauvais publicistes, des intrigans, des rebelles armés contre le trône suivent la sainte vérité ? Pour s'emparer des pouvoirs, les malheureux s'opposeraient toujours à ce qui est juste. La raison publique se compose de la prudence, de faits positifs, de la religion; et, pour *constituer* un peuple nouveau, et pour régénérer les Etats, on verrait les séditieux détruire, renverser et rendre la vie humaine très-malheureuse. Attachez-vous à vos rois, sujets aimables; l'existence est agréable sous le sacerdoce royal; vos illustres monarques ont le bandeau sacré; ils vous gouvernent avec douceur, et font disparaître les épines du désordre. Reposez-vous tranquillement sous l'arbre dont les branches, chargées des fruits de la grâce, offrent un salutaire ombrage!

Fécondez vos terres, cherchez, par votre labeur, les richesses temporelles, le ciel vous sera favorable. La fortune des humains est dans le travail, dans une bonne administration domestique. Travaillez à l'accroissement de vos fortunes; par l'ordre, obéissez aux législateurs du monde, et méprisez les perturbateurs.

La démagogie conduit au fanatisme libéral, et le libéralisme au désordre. Voyez les hypocrites indépendans; pour tromper les hommes, ils parlent toujours contre les ministres; pour séduire, ils se disent très-amoureux de la liberté, et la liberté sage rit de ces vieux athées. Voyez la vraie liberté, elle est amie de la raison; donnée par Dieu pour la sûreté publique, elle se règle sur l'ordre. Est-ce ainsi que nous la représentent les ennemis du drapeau de mon roi ?

La tyrannie populaire est odieuse à Dieu ; ce sont toujours les séditieux qui forment les factions ; ce sont ces *esprits forts*, ces prétendus docteurs qui bouleversent et le trône et l'autel. Tout parti est méprisable, parce qu'il contrarie le bonheur : quand le soleil paraît, le jour est charmant ; ainsi lorsqu'une constitution brille et assure la félicité, on doit adorer la main du prince, et faire des vœux pour son éternelle durée, sans contrarier journellement l'autorité.

Hommes égarés de toutes les nations, écoutez : L'opinion se compose des vertus publiques, de la raison du trône. Loin de moi de mépriser les indigens, le peuple laborieux; mais si une *populace insensée*, conduite par des rebelles, se mettait en révolte contre les trônes, pourrait-on dire que cette insurrection est légitime? Non; jamais les événemens scandaleux ne seront légitimes : c'est le doux rayon du diadème qui éclaire la société; la lueur de l'anarchie est couleur de sang. Qu'il est triste de voir toujours un gouvernement obligé de punir les attentats! que tous les humains seraient heureux par l'ordre!.....

Un Etat où les factions dominent est malheureux; divisé par l'infidélité, il souffre et gémit. Je veux me servir encore d'une comparaison. Un loup, qui s'introduisit plusieurs fois dans le troupeau, causa des peines au berger ; mais le loup furieux fut pris, et les brebis respirent sous la houlette du vigilant pasteur. Après que les chefs barbares, ceux qui, élevés au rang de capitaines, devaient toujours obéir; après, dis-je, que ces infidèles auront affligé les peuples, les braves soldats, qui ont pour eux l'expérience, la fidélité et la bravoure, chasseront, loin du trône, les perturbateurs.

Nous aimons beaucoup ceux qui étudient les annales des peuples; les érudits, les professeurs me charment quand ils font le portrait des hommes vertueux. Quelle force, quel feu, avec quelle indignation ils parlent aussi des grands criminels qui se sont révoltés contre les rois ! Ah ! le crime se trouve dans l'homme irréligieux, dans l'ambitieux, dans le perfide. Les leçons du temps rendent sages, aussi voyez-vous mon pays heureux; il a vu des blasphémateurs, et il voit maintenant des fidèles; il a vu des horreurs, et la paix apparaît dans cette patrie belle et fortunée. Le travail rend les sociétés politiques tranquilles; l'ordre forme au devoir, la religion perfectionne la justice, et la justice a tous les avantages de la sage liberté!

Les monarques alliés se consacrent pour leurs sujets; le flambeau de la vérité donne une douce lumière; tout se ranime, tout paraît plus intéressant; l'air, depuis ce temps, est plus pur, les ruisseaux plus limpides, la nuit plus charmante, les jours plus heureux; c'est que l'espérance verse sur les humains le reflet du bonheur.

Terrible position! Les Espagnes dans l'agitation; des intrigans, qui se mettent à la tête des partis, désolent le souverain; les factions traînent partout la misère. Y a-t-il quelques changemens à faire au pacte social? attendez tout de l'autorité; mais c'est une chose contraire au bonheur général, que de dire que les factieux armés et désobéissans peuvent détruire, changer, proposer des constitutions, confondre tous les pouvoirs, proclamer que le souverain est dans un peuple misérable. Il est absolument nécessaire de reconnaître que toutes les constitutions royales consacrent les droits des propriétaires, que la loi civile garantit les possessions, que la loi politique conserve les grands intérêts ; ainsi un gouvernement, investi du pouvoir, ne peut changer totalement la forme positive de son pacte.

Toujours fidèle, un peuple est heureux ; toujours attaché à l'ordre, il prospère ; toujours religieux, il bénit la Providence. Il semble qu'une puissance infernale plane dans les airs pour pouvoir attenter à la puissance des rois. Toutes les révolutions ont le démon pour protecteur ; cet ange des ténèbres s'oppose aux progrès de la morale. Tous les mouvemens révolutionnaires sont à peu près semblables. De nos jours, l'odieuse tyrannie populaire a renversé les précieuses reliques, détruit l'édifice social ; elle a toujours accusé les bons ministres des rois *de traitres à la nation*. L'arbre périt lorsque l'on coupe ses racines : le chef royal ayant été sacrifié, les branches se sont flétries ; avec autant d'infidélité, la sanguinaire anarchie se montre dans le Midi, mais le congrès punira les rebelles.

Le monde réclame les grands pouvoirs ; le monde veut la paix ; le monde se moque des systèmes faux, de la politique infernale ; il faut que les sociétés vivent dans l'élément naturel de la religion, dans l'espérance du bonheur éternel. Fut-il jamais plus de romans? Par exemple, la bibliothèque d'Agnès est remplie de ceux du sombre Anglais, et de cette institutrice des plaisirs doux. Les personnages de l'un se ressemblent ; même intrigue, même langage, n'importe ; la jeune fille ira bientôt dans le bosquet lire le roman; elle n'apprendra pas, on le sait, que la religion inspire de beaux sentimens, que la grâce conserve les fleurs du bonheur; mais, par les situations tragiques, par de tendres feux, par l'infidélité, elle pourra, cette jeune personne, renoncer à Dieu, se porter à des excès; et, qui sait si sa tête, remplie d'images profanes, ne sera point aliénée? On a vu plus d'un suicide, plusieurs morts, suites funestes de la lecture des romans........ O religion! qu'il est beau de vous posséder; le choix n'est plus douteux; j'aime mieux vos livres saints que ceux du lord Byron, que ceux de....... Mais je m'arrête..... Doux sentimens de la foi, amour de la grâce, tendres affections de la fidélité, vous réveillez dans les cœurs chrétiens les désirs de la croyance !

Sans religion nul bonheur, sans lois divines et humaines, on ne verra que des malheurs. La fable représente le serpent du marais de Lerne : il a plusieurs têtes...... L'impiété est l'image de ce monstre.

Que les gens de bien se réjouissent ; les souverains, par la Sainte-Alliance, agissent par la loi de la liberté ; c'est un droit sacré d'intervenir pour la sûreté des sociétés ; c'est un droit qui appartient aux rois de garantir leurs alliés, de protéger l'agriculture, le commerce et l'industrie.

Concevez donc, infidèles, que toute révolte produit de grands malheurs ; concevez que la patrie la plus heureuse est celle où le bon ordre existe; concevez que la fidélité fait l'honneur des gouvernemens : espérez votre grâce des rois, ils savent punir et pardonner.

Pour vous que la gloire charme, que le devoir engage, que vous êtes heureux ! Vous concevez bien que les princes sont conduits par le ciel; vous concevez bien qu'un Etat où la rebellion lève la tête, est un Etat de misère. La loi de la liberté jugera les perfides ; cette loi est un don du Très-Haut pour élever les trônes et consoler le genre humain. Le tumulte de l'anarchie doit cesser à l'approche du canon royal; la furie doit disparaître, les peuples seront protégés.

Dieu confie son tonnerre à la puissance ; tremblez, méchans ; ce n'est pas au foyer de l'infidélité que l'on conserve le feu sacré de l'ordre. Vous parlez toujours de la loi de la liberté, perfides écrivains; mais la liberté sainte se plaît avec le bonheur, elle s'assied sur le trône légitime auprès de la justice éternelle!

Les libertés appartiennent aux constitutions réelles. Dans ce monde religieux, la plus belle institution est celle qui rend fidèle et heureux.

Par le droit général on éprouve les avantages du droit politique.

On revient aux principes; les hommes se rapprochent à la voix de la parole divine. Relativement à l'état des sociétés, on voit que l'intérêt général est de prévenir les désordres; relativement aux mœurs, elles fleurissent; les hommes d'état favorisent la morale chrétienne, la véritable opinion se concilie tous les cœurs; cette sincère opinion provient de l'instruction; elle se présente dans la classe fortunée, et de là, chez les hommes du hameau, dans l'atelier du laborieux ouvrier, au milieu des métiers de l'industrie; cette opinion a le sentiment doux, le langage du devoir; elle veut la stabilité, et ses moyens sont toujours justes, parce qu'ils sont toujours religieux.

On peut donc espérer la tranquillité publique; les fleurs royales brillent partout, et l'astre civil, auprès du ruisseau de la fidélité, voit ses rameaux ombrager les trônes.

Les grands corps politiques affermissent les couronnes; ils exercent des pouvoirs pour empêcher l'insubordination, et faire prospérer la justice; l'espérance garantit du désespoir. Espérez donc, ô vous qui avez, par les fautes de la perfidie, causé les malheurs; espérez, et faites pénitence; tous ces éclairs de l'impiété ne pouvaient soutenir le flambeau divin. Une liberté sage vous est donnée pour votre repos.... Et vous, qui agissez par la véritable opinion, vous verrez des fruits délicieux; la terre aura des attraits; une rosée bienfaisante donnera plus d'éclat à nos fleurs. Comme une pluie douce, dans le printemps, fait l'ornement de la nature, donne à la rose plus d'éclat et de plus belles couleurs, les grâces royales et les heureux secours du Dieu des armées, rendront vos jours heureux. C'est une pensée du ciel : « Dans les gouvernemens monarchiques, il faut que l'enseignement soit religieux, et que l'on attache la jeunesse, par la fidélité, à la royauté et a l'église ».

Je vous prie *en grâce*, ô professeurs, de faire respecter l'autorité légitime ; je vous prie, pour le bonheur de votre patrie, de réunir dans vos beaux discours, et la légitimité de l'ordre, et les maximes divines : les sciences humaines ont plus d'éclat, lorsque la Divinité est invoquée ! Je vous prie aussi, jeunesse élevée au milieu de l'impiété et des passions du libéralisme, de vous pénétrer de cette vérité : La religion agrandit l'esprit, elle honore les sociétés et maintient le bon ordre.....

Les livres, pour l'enseignement

public, doivent parler des rois et de Dieu, des devoirs et des vertus civiles. J'ai lu les ouvrages des professeurs Tissot, Pierrot et Guizot; oh! quelle politique! Oui, dans un gouvernement représentatif, que la Charte garantisse le repos public. tout vient de la suprême autorité, du ciel et du bon ordre!

Un livre divin, c'est celui de l'*Imitation de Jésus-Christ!* Son prix passe l'or; il parle de la fidélité, des devoirs, de Dieu et de sa sagesse. Je m'étonne que nos fidèles ne s'attachent pas à ce livre des cœurs; il adoucit toutes les amertumes, tous les déplaisirs de la vie; il console, il découvre toutes les passions, produit les sentimens pieux et méprise la rebellion.

Il faut choisir les bons ouvrages. Quelques-uns de mes amis aiment les romans : Henrice en porte toujours. Tantôt, sous le grand chêne, il s'amuse et perd son temps dans les niaiseries de son roman ; ses discours sont tournés aux faits et gestes des personnages fabuleux dont il a fait choix ; tantôt, à l'ombre des ormeaux, il veut essayer ses crayons, pour tracer le portrait de Philamie ; il fait semblant de l'aimer et veut contracter avec elle une amitié passagère ; et, comme tout finit tragiquement, souvent les mauvais desseins s'emparent de l'âme de ce libertin ; et combien de familles affligées, combien de désordres !..... combien de crimes qui se commettent après la lecture des romans !

Le soleil qui nous éclaire donne la vie aux plantes et aux hommes, et la religion, par son doux entretien, embellit la vie humaine. Ne vous fâchez pas si je demande que vous soyez les amis de Dieu, les bons sujets des rois et la consolation de vos familles, en vous priant d'étudier préférablement les livres saints. Ne vous étonnez plus que je vous engage, au nom de votre intérêt, de l'intérêt de la religion, de l'intérêt du trône, à aimer la sainte liberté, le bonheur et l'instruction. Fidèles, prenez part à la joie des honnêtes gens! Les enfans des ténèbres verront clair; la lumière qui vient du congrès de Laybach, éclaire l'Italie, et le souffle de la légitimité raffraîchira la chaleur du Midi révolutionnaire. Tout l'univers est soumis à la sanction du ciel : tout aussi dans les Etats royaux doit être approuvé par le souverain ; il est impossible de jouir de la puissante intervention sans l'initiative ; un royaume tombe dans la fougueuse impiété, par la démagogie et l'insubordination.

Ce sont les systèmes républicains, les éloges d'uue assemblée impie, les discours dégoûtans, les projets insensés qui troublent les âmes ! Si Dieu et les rois, par la religion et les ordonnances, n'éloignaient pas le danger, que les malheurs seraient grands ! Chez les sauvages, dans les forêts, on a la crainte de Dieu ; au moins les lois de la nature parlent, la religion naturelle découvre aux infidèles un rayon de la vérité ; mais dans les troubles de l'anarchie, dans les bouleversemens de la sédition, on se moque des choses spirituelles; on attaque, sous de vains prétextes, et les princes, et les prêtres, et les bons serviteurs. Toutes les révolutions ont le même étendard, celui de la rebellion ; c'est l'enfer qui met le feu au temple du vrai Dieu; c'est l'enfer qui prend plaisir au mal, aux crimes publics; en un mot, c'est l'enfer qui fait écarter de leurs devoirs les insolens perturbateurs.

Que jamais il ne vous vienne en la pensée de murmurer seulement contre vos rois, dit l'Ecriture sainte; car tout mouvement contre l'ordre, empêche l'exercice des vertus, rend immodeste et audacieux.

C'est votre intérêt, ô nations !

d'être fidèles ; ne vous engagez point dans les disputes révolutionnaires ; fuyez les trompeurs, les *inconstans*, les perfides ; la véritable amitié royale aime les bons sujets ; tournez vos regards vers les trônes et vers le ciel, et vous serez heureuses !

L'Eternel l'a dit : « Les dynasties anciennes peuvent seules assurer ma croyance, favoriser l'enseignement chrétien, publier mes véritables libertés, prodiguer mes dons aux loyaux sujets, faire aimer le travail, ouvrir des ateliers, donner le bonheur et rendre hommage à ma sagesse !..... »

Tout-à-l'heure nous avons présenté le tableau des désordres occasionés par la rebellion ; opposons à cet affreux spectacle l'image agréable de la fidélité.

Avec quel plaisir nous annonçons que la gloire jouit toujours de ses belles prérogatives, que la véritable valeur est obéissante! Je fais l'éloge de la noblesse de vos sentimens, vous qui aimez mon roi et la patrie; vous deviendrez le sujet de mes chants. Je fais l'éloge des vertueux députés des départemens qui, toujours attachés à la religion, aux libertés publiques, aiment le père des Français et son immortelle Charte. Je fais l'éloge des ministres que la vertu embellit, que le devoir guide, et qui se dévouent pour l'Eglise et le bon ordre. Je fais l'éloge d'un sexe aimable, merveille de la nature, pour ses soins domestiques, son économie et ses sentimens chrétiens. Entendez aussi mon sincère compliment, vous qui multipliez vos dons, vous dont le nom est une vertu, adorable Princesse ; je désire rappeler dans cette occasion que l'amour de Dieu vous anime.

Quand je montre la grâce et le bonheur, j'ai la plus haute opinion des professeurs. L'État doit un jour les récompenser de leurs nobles efforts ; ils enseignent et pratiquent la sagesse...... En observateur prudent, l'écrivain religieux peut raconter les félicités qui se trouvent dans les institutions chrétiennes ; ce sont elles qui obligent les hommes à aimer les monarques et les libertés ; et les traits que nous avons rappelés, et les faits et les exemples rendent nos idées plus palpables. On a dû remarquer que la Providence protége les trônes; on a vu l'importance de l'obéissance, les rapports précieux des devoirs et de la gloire : rapprochons de la source la grâce civile. Les leçons de l'oracle céleste parlent de la sainte Ecriture; elles deviendront plus instructives par les avis frappans de la Divinité. L'oracle divin décide que les monarques sont formés pour le bien des Etats, pour l'honneur de la religion. O hommes! connaissez vos devoirs. Dans le chemin de la fidélité, on trouve les grandes pensées, les fleurs immortelles; on respire l'air pur des vertus. Tout se rattache à l'action principale de la légitimité; les sentimens des citoyens fidèles s'expriment dans l'intérêt de la patrie et de l'Eglise sainte. Ce n'est point à un rebelle de rectifier les législations : les grands intérêts demandent de grandes idées, des vues sages, une morale divine ; et les intéressantes questions ne peuvent jamais être développées par des tribuns obscurs, des soldats révoltés, des publicistes ignorans, des déclamateurs insolens, des sophistes libéraux : tout brille de la majesté, lorsque la lumière jaillit du trône.

Les principes qui animent les monarques les portent surtout à faire reconnaître la légitimité, et à décider qu'un peuple révolté contrarie les lois du ciel, compromet le bonheur des familles et la prospérité des nations.

Les innovations alarment toujours la société. Par les habitudes, par les mœurs mêmes, on tient à la religion de l'Etat ; et quand les mutins lèvent l'étendard révolutionnaire, quand ils désolent le monde, on reconnaît chaque jour que les malheurs augmentent. Le Dieu de justice est aussi un Dieu vengeur ; du haut des cieux, il lance sur les rebelles ses foudres ; s'il ouvre le trésor de ses grandes miséricordes aux sujets soumis, il sait aussi, ce Dieu adorable, punir les méchans.

Suivons l'ordre réglé par la Providence : plus religieux, plus obéissans, nous serons plus fortunés ; nos terres seront d'une fécondité étonnante, nos prairies couvertes de bœufs gras ; nos côteaux, excellens pour la nourriture des chèvres agiles, notre commerce dans un état prospère, annonceront que Dieu nous est favorable.

Les hommes laborieux portent sur leurs champs, sur les trônes et sur la religion leurs tendres sollicitudes ; ils savent que leurs droits sont réglés par le souverain, que la confiance augmente, que la nation a de grandes ressources ; et pour remercier la Divinité de ses dons, les fidèles adressent leurs hommages au Dieu de vérité ; ils entendent sa parole divine les fêtes et les dimanches, et la joie est aux villages et dans les cités.

Que prouvent les mouvemens révolutionnaires? cette vérité, que la rebellion est toujours excitée par le crime ; c'est le démon qui la conduit, ce sont les hommes indignes, l'écume des nations, qui la sollicitent. L'esprit du temps, ce siècle prétendu philosophe aimait l'indépendance, parce qu'il aimait l'athéisme, la paresse, le luxe et la misère : quiconque est laborieux aime la tranquillité; le désir de la nouveauté mène au matérialisme.

Quelles sont les conséquences d'un gouvernement monarchique héréditaire? Elles découlent de l'ordre; par l'ordre les vices sont réprimés, par l'ordre on est en droit de jouir des libertés; par l'ordre le courage paraît auprès de la fidélité, la vertu suit la raison, et, dans la connaissance des droits civils et des devoirs patriotiques, on s'arrête à ce qui est légalement consenti, on fuit les hommes dangereux qui trouvent plus de folie à tourmenter l'Etat que de plaisir à obéir. On dit qu'il n'est pas nécessaire de parler toujours de liberté et d'égalité, mais qu'il faut, avec un soin excessif, conserver le trône pour conserver les libertés, et l'on repousse l'opinion libérale comme fausse, niaise et dangereuse.

Voyez comme la tranquillité est belle dans la riche patrie ; voyez la France sourire au monarque ; elle écarte chaque année les perturbateurs. Tout le monde est fatigué de l'anarchie, des discours dictés par la désobéissance ; on aime Dieu et la dynastie ; et sur la mer où vogue le vaisseau royal, on ne peut plus rencontrer la tempête.

Que la position où le peuple chérit

son roi est agréable ! Marchons avec assurance dans le chemin de la gloire ; aimer les libertés, c'est aimer le souverain. La gloire resplendit du feu céleste ; du sein de l'univers, la Grâce admire l'Etat français. Espérons que, par les mesures du congrès de Laybach, les peuples du Midi seront comme nous tranquilles dans la voie salutaire de l'obéissance !

Le régime des gouvernemens représentatifs et royaux est fondé sur l'enseignement religieux et sur la légitimité. Désabusez-vous, sujets trompés ou trompeurs ! Qui a recours à la violence pour régénérer est odieux à la société. Tout gouvernement représentatif sera, pour l'intérêt individuel et la prospérité générale, ennemi des systèmes anarchiques et de l'impiété. Désabusez-vous, mauvais écrivains; les discours impies passent ou restent pour votre repentir. Désabusez-vous, gens oisifs; sans occupation on est inutile à la société et souvent même nuisible : ce sont tous les paresseux, tous les intrigans qui aiment les changemens, les agitations. Désabusez-vous, professeurs sans religion; le régime le plus représentatif n'aurait aucun moyen de bonheur.

Heureux l'Etat français! Un roi héréditaire, rendu dépositaire des dons du ciel, voit la France dans l'aisance! La fortune publique se relève, la dette nationale diminue, le premier principe de l'économie générale est développé. Tous les hommes actifs savent qu'ils sont soumis par Dieu au travail; aussi nos champs bien soignés, nos pâturages féconds, nos bois conservés, nos collines productives, offrent un tableau intéressant par sa variété et l'importance de la bienfaisante nature.

Appelez donc les mortels aux travaux, et l'esprit perturbateur disparaîtra; ménagez des ressources, protégez la culture et le négoce; c'est la fainéantise qui entretient les vices libéraux. Ne vouloir point travailler, c'est rester à charge à la société; quitter la charrue pour vivre en lâche fainéant dans les grandes villes, c'est s'éloigner de l'état le plus honorable. Ah! si des enfans de mon hameau n'avaient pas été séduits par l'apparence d'une grande fortune dans les capitales, ils feraient la consolation du pays; ils aimeraient nos travaux champêtres, et nos moissons plus riches prouveraient au monde que les fils des laboureurs seraient mieux à tenir le *manche* d'une charrue, que dans une boutique.

Enfin, Dieu remettra toutes choses selon l'ordre de la nature ; et vous, ô Congrès! vous offrez aussi toutes les espérances ; vous relevez les trônes humiliés par toutes les indignes factions ; les cabinets qui acceptent votre alliance méritent mes hommages. . .

Les puissans ressorts d'un Etat royal doivent être dirigés par l'autorité suprême ; la main d'un roi légitime est conduite par Dieu. Où serait la royauté qui doit veiller partout, si des méchans en comprimaient la marche ? Où serait la religion, si le matérialisme n'était pas écrasé par la force de la foi ? Où serait le gouvernement, si les libéraux en rendaient le bonheur impossible?

Le cœur du roi est dans la main de l'Eternel, et, comme un ruisseau, il incline à tout ce qu'il veut. (PROV. ch. 21.) Un roi donne le don du bonheur ; il fait couler ses grâces sur les bons, et même sur les mauvais..... Comme Dieu envoyait la nourriture céleste aux Israëlites, il n'était pas permis d'en ramasser pour plusieurs jours, elle se corrompait. Un roi puissant sur la terre, comme Dieu au royaume des cieux, ne doit pas permettre que ses sujets recueillent les fruits du libéralisme et de l'impiété qui corrompent les âmes plus que la manne du désert, après son séjour.

Qui plus qu'un souverain peut maintenir l'ordre? Aucun mortel n'a le droit de la nation, pour prendre l'occasion, en parlant des affaires publiques, de donner de fausses alarmes. Le langage du trône laisse toujours d'aimables souvenirs; mais la voix du mauvais orateur, qui retentit à la tribune, se perd au pied du calvaire de la vérité.

Que de motifs puissans pour assurer les institutions chrétiennes! Pères et mères, joignez-vous à moi pour féliciter mon roi. Bientôt l'enseignement aura la morale divine, la monarchie et la sage liberté pour principes immuables. Bientôt les eaux de l'espérance augmenteront les sources du bonheur ; bientôt les sites enchanteurs, les bois et nos champs charmeront les amis de la nature et des rois. Les motifs de la religion vont rallier tous les mortels ; les motifs politiques nous portent à aimer l'ordre ; les motifs d'intérêt personnel font mouvoir chaque individu : celui-ci, quittant la population de la grande ville, reprendra l'honorable, le premier des arts, celui de Cérès : celui-là, abandonnant la plume, cherchera dans son verger le bonheur et la paix ; cet autre, plus attaché au sol, sera plus fidèle.

Et dans sa chaumière, l'individu, naguère apostat, reconnaîtra que la religion engage à l'ordre et aux occupations utiles ; et dans les cités, le marchand, par l'étendue de son trafic, saura que l'économie entretient la richesse, que le commerce honnête a la probité pour appui.

Une fleur qui n'est pas arrosée dans les grandes chaleurs de l'été, perd sa fraîcheur, et se courbe tristement. Dans l'ordre moral, l'âme abattue, altérée par la paresse et l'impiété, souffre spirituellement En remontant à la position du monde, nous trouvons que le travail et la religion contribuent à la félicité.

Les doux liens de paix et de concorde qui unissent les augustes monarques, resserren aussi les nations. Les intérêts politiques des grandes sociétés occupent les publicistes du congrès de Laybach. Il est certain que la dépravation contribue aux révolutions; lorsque la conscience d'un peuple dépravé ne parle plus de Dieu et des mœurs, cette conscience annonce un désespérant avenir : c'est la morale du ciel qui assure les empires : c'est le Dieu éternel, trop long-temps oublié, qui punit les hommes de leurs infidélités. Comme tout est triste sans fleurs et verdure ! mais sitôt que les côteaux se couvrent d'herbe, que la nature se renouvelle, les bergers et leurs troupeaux vont au pâturage : image agréable de la civilisation chrétienne et de la décadence des Etats ! Sans idée des beautés de la vérité, sans espérance du bonheur, l'âme est triste, l'humanité gémit, on est esclave de l'athéisme, captif sous la furie libérale ; on répète le mot *liberté*, sans aimer la douce et l'intéressante liberté. C'est Dieu qui donne à l'homme ce beau privilége ; Dieu désire qu'on soit reconnaissant, que pár la sainte prière on s'unisse à sa grâce ; Dieu demande que le ciel et les rois soient honorés ; mais Dieu, qui punit ou récompense, sait aussi, tôt ou tard, se venger de l'incrédulité.

Croyez-moi, ô ennemis du bon ordre, philosophes mondains, perturbateurs du repos, sophistes coupables ; croyez-moi, la connaissance des devoirs religieux donne la connaissance de la véritable liberté. Vous appelez, par vos sinistres voix, cette liberté adorable que vous profanez ; elle vous répond par un langage doux et affable : « O hommes stupides ! je ne suis pas dupe de votre imposture ; mon nom est pour vous un prétexte à la révolte ; mon nom est sacré, et les imposteurs et les perfides s'éloignent de mes voies. »

On est libre dans la fidélité; libre sous le sceptre des rois qui tiennent leur grandeur du droit ancien; libre par la religion qui fait participer tous ses enfans à sa grâce; libre par les sentimens généreux, par la conscience du bien, par l'amour des rois, par le principe de la légitimité, par la foi publique. Anarchistes! vos outrages à la Divinité, vos leçons d'athéisme, vos doctrines coupables, vos discours remplis de mensonges et d'absurdités, vos insignifiantes théories excitent tous les crimes, enfantent tous les vices; vous voulez le néant, et Dieu vous livre au désespoir; le vrai vous paraît faux, la religion une institution politique; les symboles sacrés, des formulaires pour toucher les simples, des figures pour désigner ce que l'on ne comprend pas. Malheureux! la foi est éternelle; les dogmes appartiennent au culte chrétien et catholique, et les lois ont aussi leur puissance!

O pays heureux où la religion existe! ô honneur national, honneur de la religion, tu rends les sociétés heureuses: l'homme d'honneur éprouve combien la religion est consolante; il voit le ciel qui s'ouvre, la couronne immortelle que les anges préparent; mais l'impie appelle le néant, et le néant c'est le désespoir, et le néant lui est refusé; il cherche le néant, et sa coupable conscience lui dit: Il est un Dieu. Nous avons, dans un livre sur la grâce, expliqué que quiconque méconnaît Dieu, trahit sa patrie, et manque d'obéissance à son prince. Voulez-vous être de véritables philosophes, soyez chrétiens. Croyez-moi, quittez la secte qui s'agite pour faire oublier Dieu. Croyez-moi, livrez-vous à l'espérance, et vos cœurs seront fidèles; vous renaîtrez au bonheur: comme un lis reprend sa belle couleur après une pluie douce, la religion embellit les mortels. Croyez-moi, n'excitez plus de troubles, ne tourmentez point les sociétés; tout ce qui se fait par la sédition, par la frénésie, par l'indiscipline, conduit aux malheurs; fuyez les révolutions, elles sacrifient toujours ceux qui sont les chefs de la rebellion. Soyez philosophes, mais songez que la plus importante science est celle du devoir ; c'est le devoir qui attache aux rois et à Dieu ; c'est le devoir qui fait respecter les pères et mères ; c'est le devoir qui conduit à la prière , et la prière soulage , elle purifie le cœur, elle charme l'esprit.

Vous obtiendrez le bonheur, aux conditions de l'obéissance ; dans vos affaires domestiques vous aurez toutes sortes de consolations , parce que vous aurez la croyance.

On peut tromper le monde , en répétant toujours que c'est au nom de la liberté que l'on se présente ; mais le sage citoyen aperçoit bientôt le mensonge. Tous les coryphées des sectes prononçent qu'il faut exécuter le pacte public , et ils attaquent toujours les prérogatives. Un parti qui veut affaiblir la grande autorité , n'aime point l'ordre et la félicité publique : on assure l'un et l'autre par l'obéissance et la religion, par des actions et une opinion chrétienne. Les lumières du siècle ont beaucoup d'éclat ; mais pour être mieux éclairé, j'ai recours aux lumières de l'Évangile : je vois nos saints prophètes qui annoncent que les peuples heureux sont ceux qui aiment le Dieu de l'univers et les rois qui sont ses lieutenans. Ce siècle sera plus brillant quand le flambeau de la révélation apparaîtra au milieu de l'assemblée. Ce siècle doit s'embellir, les rois ont des pensées très-religieuses ; ce siècle verra la paix, la justice, la vérité. Ah ! la France fortunée jouit déjà des sages règlemens de mon roi : le genre d'enseignement est chrétien ; j'irai vous entendre, bons professeurs ! maintenant je peux lire les leçons des cours publics ; la politique chrétienne est alliée avec la politique civile ; tout se tient, tout le bien se fait par l'Église et mon roi.

Dans les autres gouvernemens, vers le Nord surtout, les peuples, plus laborieux que dans le Midi, sont aussi plus fidèles, et c'est bien une question intéressante de considérer combien tous les genres utiles d'occupations et d'ordre contribuent à l'honneur des familles et à la félicité publique.

Cette matière neuve sera une occasion pour prouver que les royaumes où l'active industrie existe, sont heureux. Ce sujet doit nous conduire à examiner le droit sacré de la possession, et à nous élever même dans l'ordre primitif des sociétés, vers la justice des propriétés. Il est inné dans le cœur, ce sentiment de posséder : l'homme se porte vers le bonheur ; il le connaît ce véritable bonheur, lorsqu'il cultive son champ, lorsqu'il fait sa prière au Dieu qui fait croître et mûrir ses blés. Cet état propriétaire rend la nature humaine satisfaite. Comme le monde ne peut pas tenir à la terre sans l'ordre des lois, de là les classes divisées : chaque branche d'industrie a son esprit de conservation, d'ordre, de prospérité ; mais tout rentre dans l'intérêt général, et la félicité se trouve au hameau, ainsi que dans les ateliers, chez le marchand et l'artisan.

Le gouvernement, qui veille au bon ordre, qui conserve et encourage, reçoit les tributs et du sol et de l'industrie ; de là la richesse du trésor, qui augmente encore par les facilités d'échange, par les débouchés, par la confiance, par l'honneur de la nation. Et une nation aimée des autres peuples, est toujours celle où l'enseignement est chrétien, où le respect pour le trône est sincère, où les opérations se font avec confiance, où la concorde réunit les citoyens.

Par le principe d'honneur, par la religion, par l'économie, les grands propriétaires garantissent le trône et l'autel; mais l'utile laboureur cultivant son petit champ, mais le négociant payant beaucoup à l'état, mais l'industrie préparant la fortune, tous les arts et métiers, enfin, s'intéressent à l'ordre, et le corps politique est en paix par le travail et la liberté.

Dans cet état parfait, on ne trouve point d'infidèles agitateurs, de libéraux remuans, de brouillons sans cesse occupés à troubler les gouvernemens; le monde se repose sur les autorités. On sait que le commerce a plus de communication par la paix, plus de solidité par la confiance ; on sait aussi, dans les pays champêtres, bénir la Providence pour la remercier de ses productions, de sa chaleur et de la quantité d'eau précieuse à la végétation. Ainsi tout, dans l'ordre moral, contribue à la perfection, comme les puissans véhicules, les météores, aux développemens successifs des végetaux.

Sachez donc, ô mortels, que les royaumes fleurissent par la religion, et qu'ils périssent par l'aridité; que l'insensibilité est une preuve que la conscience n'a plus de goût pour les vertus ; et lorsque la conscience est morte, le néant se présente, et on ne distingue plus la nature divine.

La prédication de l'Évangile doit produire les vertus publiques. Prêtres de Dieu, annoncez la gloire des empires qui se soutiennent par l'ordre et la chûte des états livrés à l'infidélité ! présentez la croix aux cœurs rebelles ; parlez de la foi, de la grâce ; engagez les hommes à rechercher le travail ; c'est par l'occupation que le bonheur se fixe, c'est dans les travaux paisibles que la conscience existe en paix ; les hommes qui gagnent le pain du travail sont fidèles. Le sujet adonné aux arts se fortifie dans l'ordre, et la société politique, utilement occupée, s'honore de l'ordre qui fait la sainte liberté.

Vous demandez tous les jours en quoi consiste la liberté : dans la conscience de ses devoirs, et cette conscience privée fait la sûreté des états, parce qu'elle n'entreprend rien contre le trône, et qu'elle n'entre point dans les vues révolutionnaires.

Où en serait la société sans l'amour de l'ordre et sans la fidélité ? Pourrait-on, par exemple, souffrir qu'un sujet d'un royaume légitime inspirât des sentimens contraires à la légitimité ? pourrait-il correspondre avec des hommes assemblés par la perfidie ? C'est une loi qui serait très-politique, que celle qui fixerait l'ordre de la bienséance respective des hommes, les rapports moraux et civils, les règles de conduite qu'un député d'un gouvernement représentatif et royaliste, doit observer. Se porter à donner des avis, envoyer des brochures, exciter la révolte, c'est oublier les convenances sociales, les droits nationaux. Lorsqu'un pays méconnaît le droit royal, lorsqu'on excite des catastrophes, que l'on bouleverse le trône légitime, tous les liens de correspondance, d'unité sont rompus; et, dans cet état où les malheurs publics attaquent la société politique, nul ne peut alimenter, échauffer des esprits rebelles.

Il est dans l'ordre et dans la dignité d'empêcher les mauvaises brochures...... Combien les Etats seraient malheureux, provoqués à la désobéissance par des individus d'une autre nation ! Ce siècle a vu tant de misères, qu'il faut ramener les hommes égarés à la raison éternelle : elle dit, cette raison, que la loi de liberté vient de Dieu, qu'elle juge les perfides, les traîtres, qu'on doit pour le bonheur garder cette sage liberté qui aime l'ordre.

Pleurons sur le sort des peuples assez malheureux pour affaiblir l'autorité des rois, mais ne donnons aucun écrit révolutionnaire. Bénissons la providence des trônes légitimes ; les souverains sont toujours les véritables princes, ils reçoivent de Dieu un caractère sacré. Comme les prêtres du Seigneur, leurs noms saints ne changent jamais, quel que soit le mouvement qui trouble l'ordre ; et dire d'un roi légitime, qu'il est seulement *roi constitutionnel*, c'est mépriser le droit inviolable, le principe éternel.... O congrès de Laybach, quelle élévation dans votre pensée, quels sentimens religieux ! Soyez à jamais l'effroi des intrigans !

Peuples, aimez les dynasties légitimes; c'est ce besoin général qui fait la prospérité des humains. Loi de la liberté, gravée sur les trônes, loi dont parle saint Jean : Nations, parlez et agissez par la loi sainte de la liberté, et vous serez heureuses.

Et toi, France, inviolablement attachée à l'auguste dynastie, tu es fortunée ; écoute les paroles de ton roi. *Cette alliance*, en même temps qu'elle écarte les causes de guerre, doit rassurer contre les dangers auxquels l'ordre social, ou l'équilibre politique, pourraient encore être exposés. (*Discours du trône*, session 1820.)

Les rois, à Laybach, ont fait une belle action ; l'immortalité leur prépare une couronne. Que la conscience du monde moral soit pure comme les couronnes, et les humains fatigués des révolutions se reporteront sur le gazon fleuri de l'espérance.

Les factions portent la désolation dans le monde ; il faut précipiter les furies dans l'abîme.... La raison publique nous presse ; les actes atroces, les moyens odieux, les actions infâmes révoltent le monde. Aux jours des malheurs, nous avons été témoins des cruautés de l'impiété, et le même esprit perturbateur fait encore entendre son langage impie. Les partis, chargés de forfaits, évoquent l'athéisme, et l'athéisme, cruellement satisfait, répond aux séditieux : *Courage! Continuez à avilir la religion, à mépriser les trônes, à vous révolter contre le ciel, et bientôt tous les cœurs vivront dans l'incroyance, et les esprits n'admettront que le néant.*

Ainsi les sociétés troublées par le démon libéral n'auraient aucun bonheur ; mais les monarques, conduits par le Dieu infini, le Dieu tout-puissant, le Dieu des fidelles armées, peut frapper de l'épée tranchante les rebelles ; ... l'ordre reviendra, et la charité consolera les humains.

Bénissez la puissance suprême qui nous punit pour notre bonheur ; bénissez la religion qui prie pour les factieux ; bénissez les trônes légitimes qui anéantissent les partis. Les partis! ils portent toujours aux malheurs ; ils causent des désordres ; les partis! ils dégénèrent en faction, ils manquent au devoir ; les partis ! dans leurs secrètes associations, ils outragent la Divinité !

Les peuples religieux aiment l'ordre ; ils attendent du temps et des souverains l'espoir de quelques améliorations ; mais que peut-on espérer des barbares séducteurs qui n'ont aucune foi, aucun sentiment d'honneur? L'audace lève sa tête criminelle ; elle cherche à entraîner la société dans son parti. Le Dieu terrible fait entendre son tonnerre ; ils fuient, à la vuè de l'étendard sacré ; fuyez rebelles, évitez le dieu qui vous poursuit.

Tous les sujets soumis qui combattent pour Dieu, l'autel et les rois triomphent, et si la Providence dispose de leurs jours aux champs de la gloire, ils vivent dans le ciel !

Quelle garantie morale peuvent offrir des séditieux sans foi publique, sans religion, sans principes sacrés ! Les malheureux ! ils disent que la foi sacrée, la morale du ciel ne sont nécessaires que pour contenir les peuples. Ah ! la religion parle à l'âme, et lorsque l'âme se replie sur elle-même, la conscience est droite, et l'on pratique les bonnes œuvres.

La religion chrétienne illustra le monde, rendit de grands services à l'humanité. Avant la venue du Christ, les peuples étaient dégradés ; la tyrannie régnait, sous la dictature de de Sylla ; les malheurs publics étaient encore plus grands à Athènes sous les trente tyrans. La religion a la charité pour compagne. Avant son établissement, l'Égypte avait ses idoles, Rome ses divinités et des empereurs idolâtres ; mais, depuis que la gràce du ciel existe dans l'Eglise, la douceur et la clémence sont sur les trônes : c'est la religion qui soutient les Etats, c'est la religion qui punit les perfides.

Peut-on regarder comme sage la conduite des méchans révoltés contre Dieu et les rois ? O aveuglement ! ô impiété ! — Perturbateurs ! la société vous demande compte du sang que vos crimes font répandre ; vous troublez l'ordre. Dieu demandera vengeance de vos impiétés. Les rois sont aimés, ils protégent la religion et les libertés. Athées, vous parlez de liberté, elle ne menace personne, et, dans votre délire, vous la présentez teinte de sang! N'est-il pas temps de jouir du bonheur? sera-t-on toujours malheureux par vos forfaits? le Tout-Puissant, toujours miséricordieux, peut oublier vos iniquités, mais revenez à lui.

J'explique cette grande pensée de l'écriture divine ; le Dieu puissant, infini, éternel, annonce que les mortels, perdus d'honneur, dégradés, avilis, par le démon des révolutions, sont toujours malheureux ; que l'audace et la perfidie des peuples dégénérés, méritent des châtimens ; que c'est sous l'empire des lois saintes de la religion, et sous celles des légitimes constitutions que les humains trouvent la gloire, la joie, la paix, l'ordre, le bonheur et les douces consolations.

Croyez la parole d'un Dieu, sujets infidèles! croyez la charité qui vous presse, la foi qui donne la conscience du bien, la grâce qui suit la liberté; croyez même l'histoire : elle vous apprendra, hommes coupables et ignorans, que les révolutions ont partout le même caractère d'atrocité, le même langage du libéralisme, la même impiété, et continueraient leurs mêmes infamies si la colère céleste, pour faire renaître l'ordre, ne remettait ses foudres aux souverains.

Auguste congrès de Laybach, les rois qui sont entrés dans cet esprit d'union qui présage un avenir bienheureux, méritent ma tendre vénération. Vous le savez, ô puissans du monde! le Dieu fort et éternel, le Dieu toujours juste, donne sa malédiction aux sujets rebelles; c'est donc remplir son désir que d'écraser de la foudre royale ceux qui s'attachent à mépriser Dieu et les monarques!

O existence sociale, tu as des charmes! par la douce paix, par la divine religion, on est heureux; et lorsqu'on voit les hommes accomplir la volonté du ciel, que la fidélité existe, que le respect est sincère, la terre riche et fortunée donne toutes les espérances du bonheur.....

Rendez-vous dignes des grâces de Dieu et des rois, mortels trop long-temps malheureux par la désobéissance; consentez à laisser les gouvernemens paisibles! Revenez, ô jours heureux, jours de prospérités ! — Elle est conclue cette grande affaire sociale. La foi politique s'unit à la foi qui veut des œuvres. La conséquence qu'on tire du congrès de Laybach, c'est qu'il fera sortir l'ordre du désordre, la paix des discordes civiles, et qu'il fallait cet effort des monarques pour détruire les furies de l'enfer.

O Éternel ! que vous êtes terrible lorsque vous êtes méprisé ! Votre jugement imprécatoire nous fait frémir ; désarmez l'ange exterminateur. Vous êtes le père charitable, et vous pardonnez à qui confesse ses fautes ! Pardon, ô mon Dieu.... « Non, ma patience à un terme ; mes armées marchent contre les impies ».....

L'histoire ancienne nous montre

tous les forfaits du libéralisme. Les Romains menacent les peuples de la servitude au nom de la liberté ; les nations cruelles s'agitent, se dévorent ; Rome accuse le sénat, et le sénat accuse les libéraux. L'ambition dévore les tribuns ; l'orgueil porte à faire des choses affreuses, et la jalousie cause la perte de l'empire.

Lisez aussi l'*Histoire Ecclésiastique;* que de grandes vertus, que de fidélité ! comme la religion donne de la force aux martyrs ! Hé bien, dans ces temps où l'esprit libéral se montrait sous les traits de la liberté menaçante, on a vu aussi les martyrs de la foi triompher du démon, et prier pour les ennemis de l'Église, du roi et de l'ordre.

Ah! Dieu, qui veille sur les peu

ples, a voulu nous punir, mais sa miséricorde nous rendit le bonheur; il a permis, ce père adorable, que la charité portât des paroles de consolation. C'est la religion des trônes qui fait l'espérance des états, comme la justice en fait la beauté. O France! tu n'as plus à craindre les malheurs des partis; tes idées morales sont éternellement fixées; la foi que tu pratiques t'enseigne que le bonheur est dans le calme. Ainsi qu'aux beaux jours de la moisson, le laboureur visite ses champs, examine ses javelles, compte ses gerbes, et joyeux s'en retourne, au milieu de sa famille, faire part de l'existence du bonheur; son épouse aimable, ses enfans respectueux bénissent la Providence! de même tu verras tes vœux réalisés;

la récolte de la fidélité sera magnifique ; et, pénétrée de reconnaissance, tu vas raconter au monde qu'un roi que tu aimes est l'objet de ton respect !

Honneur et vénération aux rois qui font cesser les dangers publics. Le droit général garantira tous les états religieux ; et les peuples, heureux par un régime légitime, par l'ordre, par la grâce qui le suit, regarderont comme le plus grand des devoirs de s'instruire de la divine croyance et des véritables principes des constitutions réelles.

Ce sont les opinions fausses, les systèmes dangereux, les menées démagogiques, les luttes continuelles avec l'autorité suprême, les perfidies de l'impiété qui entravent la marche des gouvernemens.

C'est à la parole de Dieu qu'il faut croire; elle oppose la vérité aux sophismes de l'incrédulité, la raison au langage du libéralisme, la justice à l'incroyable athéïsme; elle méprise les audacieux et stupides publicistes. O vous, écrivains royalistes, docteurs de l'église, redoublez de zèle, soutenez les droits sacrés, célébrez le bon ordre, la charité du ciel, la vengeance divine. Sans doute que la modération agit pour calmer les esprits; mais c'est aussi par d'éloquens ouvrages, par l'importance du sujet, que vous devez, Orateurs sacrés, écraser, foudroyer par le feu de vos paroles! L'impiété impuissante se retire déjà dans son désert, l'apostasie fuit dans l'abîme, les factions ne sont plus si insolentes, et les monarques du congrès de Laybach répriment l'affreuse infidélité.

Les armées triomphent.........

Vous apprendrez que le Dieu tout-puissant a détruit l'œuvre des furies libérales. Les armées des rois touchent le sol de l'infidélité ; elles vont consoler les hommes persécutés et punir les traîtres : exemple qui fait connaître au monde que la Providence déteste tous les mouvemens populaires ! Prosternez-vous, ô nations ! frémissez, rebelles... la Divinité fait son imprécation. « Ma malédiction est sur les impies, sur les apostats, sur les factieux. Malédiction aux misérables qui enfantent chaque jour des ouvrages scandaleux ! malédiction aux ouvriers d'iniquités, aux esprits inspirés par la furie libérale !

malédiction à l'affreux athéïsme, malédiction! malédiction!! »

O charité, calmez le Dieu vengeur! religion, présentez la croix; rendez encore un service aux gouvernemens; vous avez, dans une même occasion, satisfait ma patrie; elle vous remercie par mon organe; que dans l'intérêt des mœurs, dans celui des hommes fidèles, votre bonté se multiplie comme les fleurs de la grâce; ramenez la bienfaisance; apprenez que l'existence politique est dans le travail, dans l'ordre, et que les mortels sont toujours heureux par la fidélité!

Je crois devoir saisir ce moment pour célébrer un roi qui contemple la grandeur de la foi. Dans cette patrie heureuse, le flambeau de la grâce brille d'un éclat d'autant plus vif qu'il paraît auprès de cet enfant chéri de l'Europe, qui bientôt couvrira le christianisme de la fraîcheur de son lis !

FIN.

www.ingramcontent.com/pod-product-compliance
Ingram Content Group UK Ltd.
Pitfield, Milton Keynes, MK11 3LW, UK
UKHW020914180726
13838UKWH00002B/547

9 782329 482484